AF591230

PETITE
GRAMMAIRE MUSICALE

A L'USAGE

DES ÉCOLES PRIMAIRES, DES COURS ORPHÉONIQUES
ET DE TOUS LES ÉTABLISSEMENTS D'INSTRUCTION

PAR

M. MOUZIN
COMPOSITEUR, DIRECTEUR DU CONSERVATOIRE,
PRÉSIDENT DE L'ORPHÉON ET MEMBRE DE L'ACADÉMIE IMPÉRIALE DE METZ

SOLFÉGE GRADUÉ

103 LEÇONS A UNE, A DEUX ET A TROIS VOIX, SUR TOUTES LES CLES

BASÉES SUR LA TONALITÉ ET LES DIVISIONS BINAIRE ET TERNAIRE

PARIS
FERDINAND TANDOU ET Cie, LIBRAIRES-ÉDITEURS
78, RUE DES ÉCOLES
(PRÈS DU MUSÉE DE CLUNY ET DE LA SORBONNE)
1865

Vm8 603

PARIS, IMP. P. BEAULE, RUE JACQUES DE BROSSE, 10.

AVERTISSEMENT

Les leçons du Solfège gradué doivent être étudiées de la manière suivante : en ce qui concerne la tonalité, il faut *toujours* se préparer à l'étude par l'exercice tonal (1re et 2e parties) et chercher l'intonation des notes dans la gamme, sans avoir égard à la mesure d'abord. On doit chercher aussi à reconnaître les changements de tonalité, ou modulations.

En ce qui concerne la durée, on doit *toujours* se préoccuper de la division binaire ou ternaire des temps et lire les notes sans les chanter, en battant la mesure.

Après ces deux exercices, il faut réunir la mesure et l'intonation, et recommencer autant de fois que cela est nécessaire, par fragments, pour que les élèves sachent leur étude à peu près par cœur. (Dans les morceaux de chant avec paroles il faut réciter aussi les paroles séparément). Chaque numéro doit être étudié à une seule voix, d'abord, par tous les élèves, qui chantent successivement le chant et la basse, en prenant à l'octave supérieure les notes rarement trop graves de cette dernière partie, puis on divise la classe en deux sections qui chantent l'une le chant et l'autre l'accompagnement, *à tour de rôle*, de façon à ce que chaque élève puisse savoir également bien les deux parties. Pour les leçons à trois voix, il faut faire de même et diviser ensuite la classe en trois sections. Lorsqu'on a à la fois des voix d'enfants et des voix d'hommes, il est bon de faire chanter la première partie aux ténors et la seconde aux sopranos et aux altos, en réservant la troisième aux basses. Dans les leçons à deux parties, les voix d'hommes seules chantent la basse, mais il ne faut pas négliger de leur faire étudier aussi les deux parties, soit entr'elles, soit en associant les voix de ténors aux voix d'enfants.

Pour la leçon individuelle, on fait étudier la première partie seule et on joue l'accompagnement au piano dans les solféges à deux voix. Quant aux solféges à trois parties, il faut, autant que possible, réunir deux élèves pour les deux premières voix et jouer la basse au piano. (En cas d'impossibilité, le même élève pourra étudier séparément les trois parties). Dans les institutions où les voix sont nombreuses, il est de toute nécessité qu'elles soient soutenues par une basse d'accompagnement jouée, soit au piano, soit à l'harmonium, par le professeur ; autrement les voix, naturellement peu exercées, restent sujettes à baisser, et l'oreille, s'accoutumant trop facilement à cette déviation, perd le sens délicat de la véritable justesse. D'un autre côté, il est matériellement impossible au professeur de soutenir par son exemple, pendant une ou plusieurs heures par jour, et avec une voix souvent insuffisante, un ensemble nombreux. Il est donc nécessaire d'accompagner les voix, en jouant la basse, mais non le chant, car ceci serait déplorable. Au lieu de développer chez l'élève la précieuse faculté de trouver le son de chaque note dans les diverses fonctions des degrés de la gamme, on l'accoutumerait, au contraire, à compter toujours sur un auxiliaire qui rend l'oreille paresseuse, et on le priverait ainsi du seul moyen qui puisse donner au musicien l'initiative de l'attaque dans toute espèce d'exécution vocale.

Les basses du Solfège gradué sont presque toutes chiffrées ; mais le chiffrage peut être négligé sans inconvénient par les personnes qui n'ont pas encore appris l'harmonie, et la basse seule doit alors servir d'accompagnement, ce qui permet au professeur de battre la mesure de la main droite.

Lorsque les élèves ont été longuement exercés, il est nécessaire de les faire chanter sans accompagnement. C'est alors seulement que ce moyen devient praticable pour le professeur, car il n'exige plus autant d'efforts ni de fatigue. En tout cas, c'est à plusieurs parties, et non à l'unisson, qu'il faut les faire chanter ; car, sans cela, le sentiment de l'harmonie, sans lequel on n'est pas musicien, ne se développerait que tardivement ou trop lentement chez les élèves.

Un des points les plus importants pour le progrès des voix est de *soutenir le son avec douceur pendant toute la durée de chaque note, et de respirer à propos*. On ne saurait trop observer cette recommandation, car, s'il est vrai que le climat ne favorise pas partout le développement des voix, il est malheureusement trop vrai aussi qu'on ne se préoccupe pas assez de la *tenue du son*, et que beaucoup de personnes, excellentes musiciennes du reste, paraissent ignorer que la *véritable méthode vocale* repose entièrement sur ce principe très-ancien. Les voix d'enfants n'ont rien à redouter de son application, puisqu'il ne s'agit d'abord que de soutenir le son avec douceur, sans l'augmenter. Au contraire, l'exercice du chant proprement dit devient plus tard infiniment plus facile, lorsqu'il a eu pour base cette excellente habitude, qui s'appuie elle-même sur les meilleures traditions. Il est aussi de toute nécessité de savoir respirer à propos, pour ne pas contrevenir à la règle précédente, et c'est pour cela que les virgules qui indiquent les respirations doivent être observées avec le plus grand soin. (En général, il vaut mieux respirer après un temps fort qu'après un temps faible, mais ceci n'est pas une règle absolue.)

La plupart des leçons doivent être vocalisées, ce qui est un excellent moyen d'accoutumer l'élève à phraser.

J'ai indiqué, en tête de chaque leçon, à partir du n° 31, les tonalités du même nom dans lesquelles chaque morceau devra être copié et chanté[1], ainsi que les différentes mesures dans lesquelles il devra être écrit. *Pour ces tonalités, la similitude de langage rend frappante la facilité de solfier dans les tons chargés de dièses et de bémols, aussi bien que dans la tonalité primitive ou naturelle.* (Ce mot, *naturel*, dont on se sert souvent pour désigner l'état des sons dans la gamme modèle, est un terme impropre qui ne devrait, tout au plus, être appliqué qu'aux *notes* non bémolisées ou diésées, mais jamais aux sons, qui sont tous et toujours naturels.)

Pour les différentes mesures, la similitude des rapports rend le travail de la division des temps extrêmement important et utile. Quant aux changements de clefs, il devient bientôt évident pour chacun que lorsqu'on s'est appliqué à en étudier deux ou trois principales, le reste n'est qu'un jeu d'enfant, et que, en copiant surtout quelques pages de musique sur chaque clef, ce n'est plus une difficulté que d'apprendre à lire sur toutes. Elles sont, du reste, présentées ici dans leur ordre naturel de succession (excepté la clef de sol), et la position des notes ne change jamais que d'une tierce à la fois.

L'étude des divisions binaire et ternaire a toujours lieu alternativement, parce qu'en réalité elles ne dépendent nullement l'une de l'autre. Elles existent toutes deux dans la nature et c'est une erreur que de faire dériver les mesures ou divisions ternaires des mesures en divisions binaires. Rien de plus facile que de le prouver, en battant toujours la mesure à un seul temps, soit binaire, soit ternaire. Tout étant possible avec cette mesure, qui mériterait seule le nom de mesure simple, on ne peut se refuser à reconnaître l'évidence de cette distinction radicale.

Ainsi, en résumé, notre méthode tout entière est basée sur deux principes fondamentaux : *la tonalité*, en ce qui concerne le son, et *les divisions binaire et ternaire*, en ce qui concerne la durée. Ces deux éléments principaux, contenant tous les autres, forment, par leur combinaison, le fonds le plus solide pour asseoir toute éducation musicale un peu sérieuse.

Après avoir étudié consciencieusement le Solfége gradué, les élèves sont en état de déchiffrer à peu près toute espèce de musique; mais il est utile de les exercer à chanter des chœurs avec paroles pendant le temps même de leurs études élémentaires, et surtout de leur faire entendre de bonne musique le plus souvent possible. (Voir le 2e vol., *partie du maître*, qui contient d'autres conseils relatifs à l'enseignement.)

Lorsque l'étude de la Grammaire, qui doit marcher de pair avec celle du Solfége sera moins avancée que celle-ci, et réciproquement, on fera bien de retourner en arrière, afin de mettre toujours d'accord *l'application* de la théorie avec la pratique, suivant l'âge des élèves. Il n'est pas inutile de répéter ici que le nombre des numéros du Solfége qui est indiqué dans l'Exercice pratique de chaque leçon peut être réduit, et qu'il vaut mieux s'y prendre à plusieurs fois que d'en précipiter la lecture et l'étude. Ainsi une leçon quelconque pourra être étudiée en plusieurs séances, si la première ne suffit pas.

[1] J'insiste beaucoup sur l'observation *rigoureuse* du conseil que je donne de copier dans d'autres tons et sur d'autres clefs tous les numéros du Solfége gradué, en augmentant ou en diminuant la valeur des temps. J'attache à cet exercice la plus grande importance.

Le temps m'ayant manqué pour terminer à propos cette troisième partie, j'ai dû emprunter aux leçons de Solfége de l'école de musique de Metz un certain nombre de numéros qui ont servi de lectures à première vue dans les examens des différentes classes. M. Desvignes et MM. Dalmont et Maréchal voudront bien recevoir ici l'expression de toute ma gratitude pour l'obligeance avec laquelle ils ont mis à ma disposition ces leçons, dont on appréciera avec moi toute l'importance et le mérite.

Numéros de la composition de M. Desvignes, fondateur de l'école de musique de Metz : 2, 11, 20, 21, 22, 31, 32, 34, 38, 45, 63, 65, 67, 75, 80, 82, 86, 88, 92, 99, 100, 101. — De M. Dalmont : 6, 12, 16, 36, 40, 42, 54, 53, 60, 69, 72, 73, 79, 83, 85 — De M. R. Maréchal : 50, 55, 62, 98. — Total : 41 numéros sur 103.

SOLFÉGE GRADUÉ

N° 1.

Lorsqu'on accompagnera au piano la basse devra être doublée à l'octave inférieure, surtout avec les voix d'hommes

Nº 3 (A 2 ET A 3 VOIX).

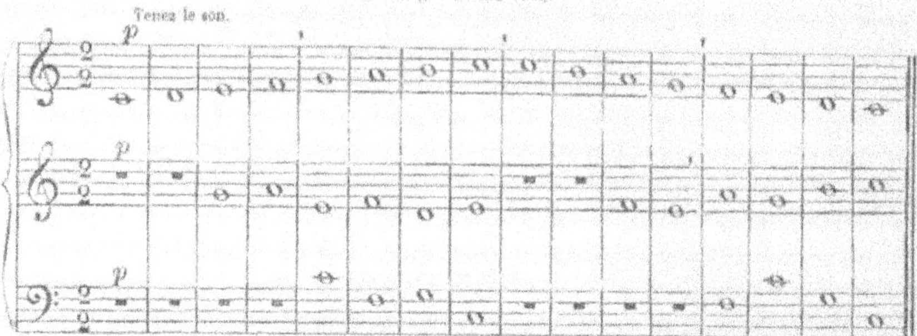

Nº 4.

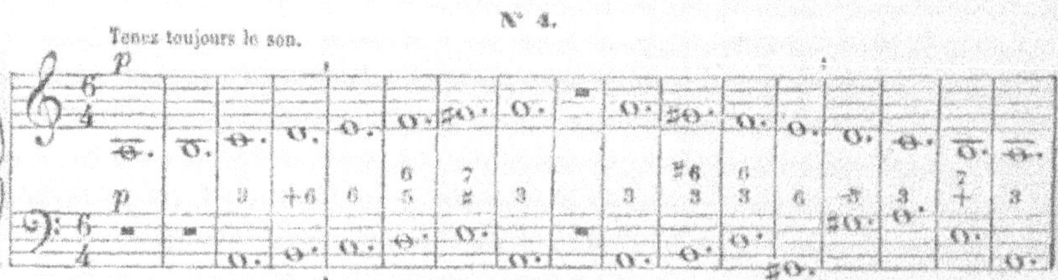

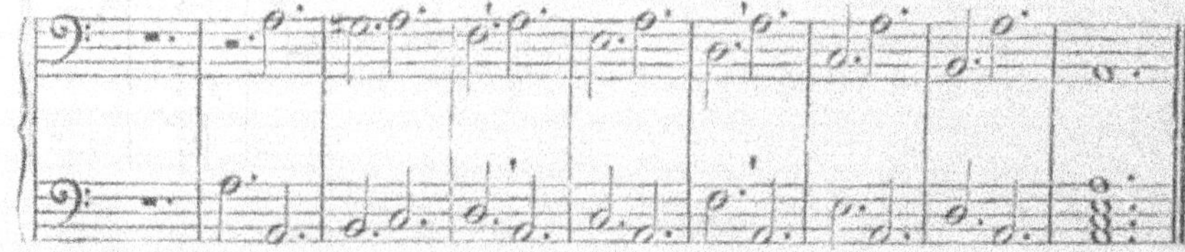

N° 5 (A 2 ET A 3 VOIX).

Même durée pour chaque temps que dans ce qui précède.

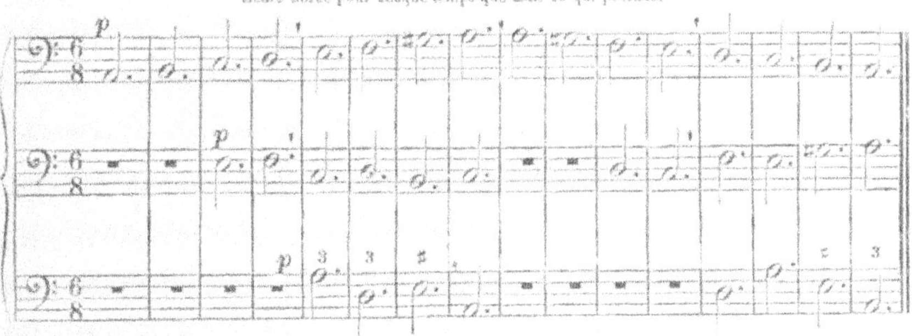

N° 6 (DALMONT).

Tenez toujours le son.
N° 7 (A 2 ET A 3 VOIX)
Même durée pour chaque temps que dans ce qui précède.
N° 8 (A 2 ET A 3 VOIX)

p
p
p
6
5
3
4
5
6
N° 9.
Tenez toujours le son
p
p
p
p

N° 10 (CANON A 2 VOIX).
A
B
p
Cresc.
f
p
Cresc.
Dim.
N° 11 (DESVIGNES).
Andante
N° 12 (DALMONT).
Andantino
Segue
cres.
p
cres.

FIN.
D.C.
N° 13 (A 2 ET A 3 VOIX).
Tenez le son.
N° 14.

Tenez toujours le son.
p
p
N° 15 (A 2 ET A 3 VOIX).
mf
mf
mf
f

mf
mf
mf
3
6
4
6
4
f
f
3
+4
♯2
3
3
f
f
3
7
+
3
3
f
Dim.
f
Dim.
6
4
Dim
♯
♯
3

N° 16 (DALMONT).

N° 17 (A 2 ET A 3 VOIX).

Même durée.

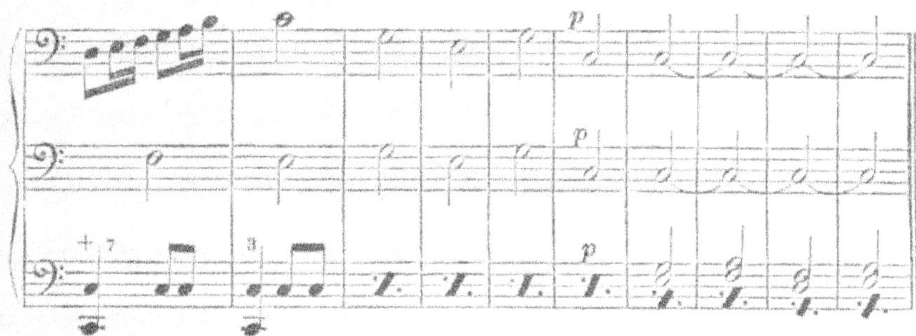

N° 18 (A 2 ET A 3 VOIX).

Andante. Réduite de moitié, mesure à 6/8.

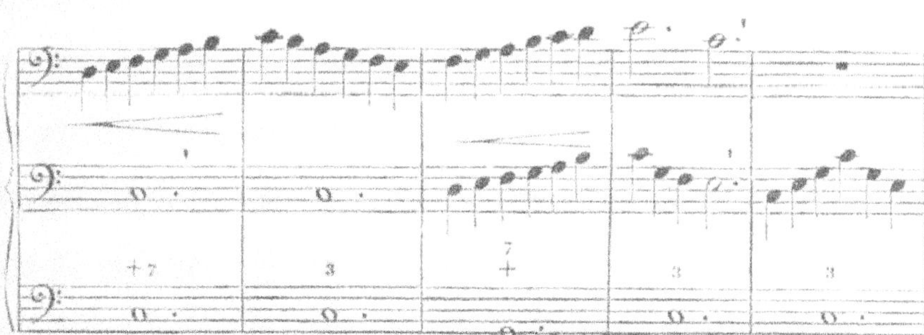

p
p
6
7
+
p ♭3

♭6
4
7
+
♭3
6
♭3
♭6
4
7
+

♭3
♭3

♭6
4
7
+
♭3
6
♭
♭6
4
7
+

mf
p
N° 10.

N° 20 (Desvignes)
Andante Tenez toujours le son.
N° 21 (Desvignes).

Nº 22 (Desvignes).
mf
Moderato
Nº 23.
p

N° 25 (A 2 ET A 3 VOIX)

Même mouvement pour des unités de temps différentes.

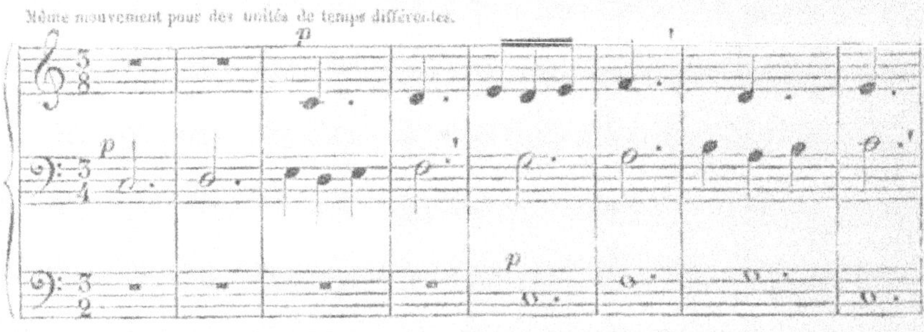

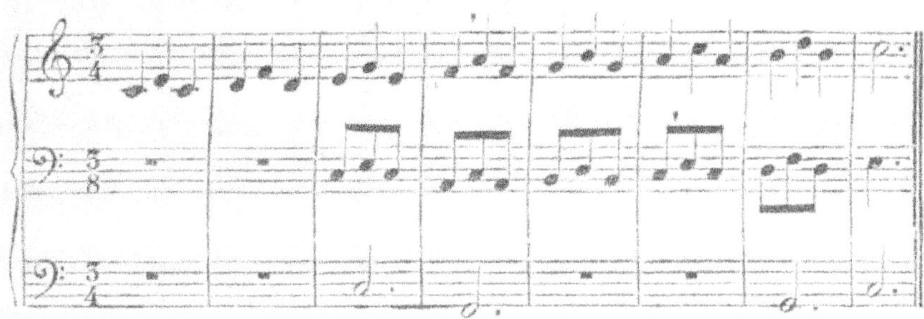

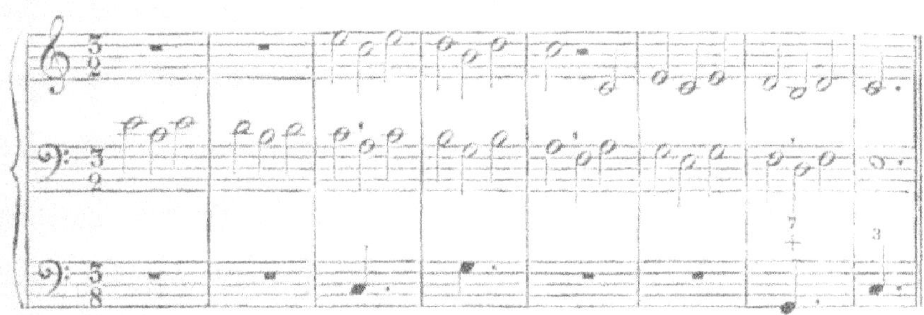

N° 26 (A 2 ET A 3 VOIX).

N° 27 (A 2 ET A 3 VOIX).

N° 29 (A 2 ET A 3 VOIX.)

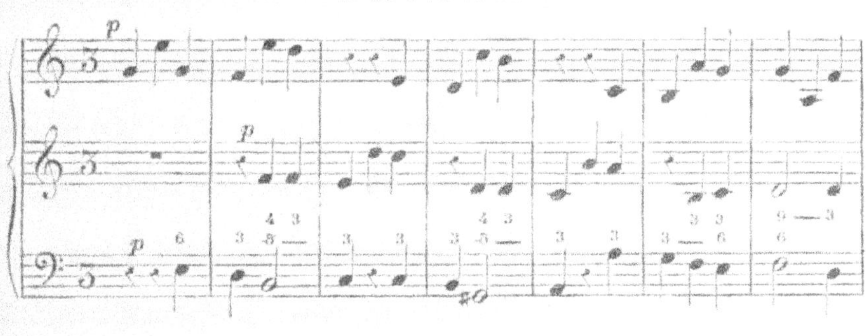

N° 30 (A 2 ET A 3 VOIX).

N° 31 (DESVIGNES).

Ce numéro devra être copié et chanté dans les tonalités de DO ♯ et de DO ♭, et avec la mesure à 2/4. (*Diminution de moitié*).

N° 32 (Desvignes).

Moderato A copier et à chanter en FA ♯ *majeur* et à 2/4.

N° 33 (A 2 et a 3 voix).

Copier et chanter en LA ♯ *mineur* et en LA ♭ *mineur*, à 2/4.

N° 34 (DESVIGNES).
Tenez le son.
Copier et chanter en SOL ♭ majeur, et à 2/4.
p
mf
N° 35 (A 2 ET A 3 VOIX).
Copier et chanter en SOL ♯ mineur à 6/8 et à 6/16.
mf

N° 36 (Dalmont).
Copier et chanter en SI ♭ majeur et à 2/4.
Moderato
mf
N° 37 (à 2 et à 3 voix)
Copier et chanter en DO ♯ mineur à 6/8 et à 6/16.
Mouvement bien marqué
f

N° 38 (Desvignes).

Copier et chanter en RÉ *b majeur* à 2/4.

N° 39 (À 2 ET À 3 VOIX).

Copier et chanter en LA ♭ mineur et en LA ♯ mineur, à 3/4 et à 3/2.

Allegro.

mf

mf

mf

N° 40 (Dalmont).

Tenez toujours le son. Copier et chanter en SI ♮ *majeur*, à 2/4.

N° 41 (à 2 et à 3 voix).

Copier et chanter en DO ♭ *majeur* et en DO ♯ *majeur*.

Rapide

mf
mf
mf

mf
f
Mouvement primitif.
Reprenez le mouvement primitif.
1er Tempo

N° 42 (DALMONT).

Andante Soutenez toujours le son. Copier et chanter en LA ♭ majeur à 2/4.

N° 43 (Desvignes)

Copier et chanter en MI *majeur* à 2/4

N° 44 (à 2 et à 3 voix)

Copier et chanter en MI ♭ *mineur* à 2/2 et à 2/8

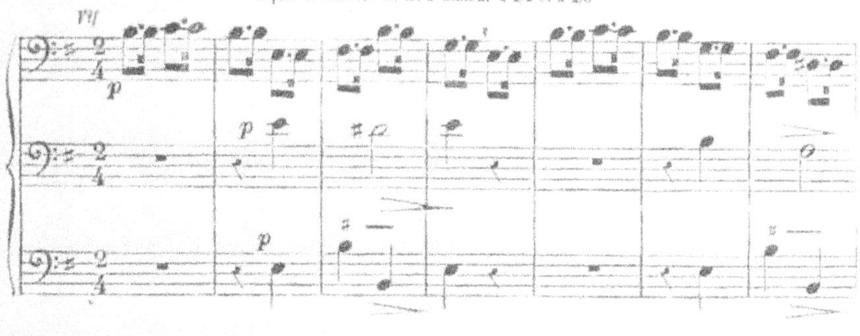

mf
mf
7
5
mf 6
3

mf
mf
3
7
+
mf 6
3

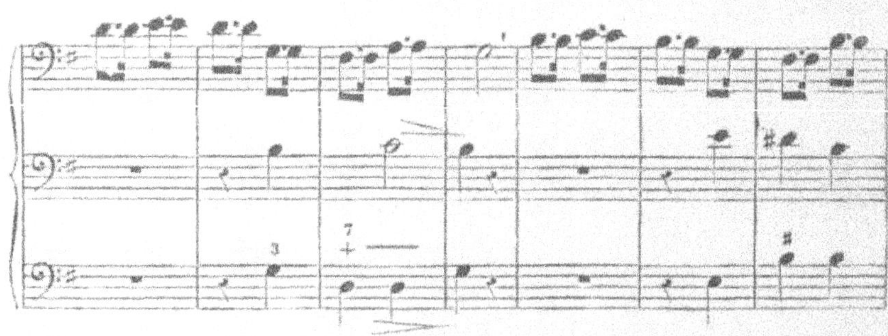
3
7
+

f
p
f
3

N° 45 (A 2 ET A 3 VOIX).

Copier et chanter en LA ♭ et en LA ♯ *mineurs*, à 6/4 et à 6/16.

Mouvement bien marqué

Mouvement bien marqué

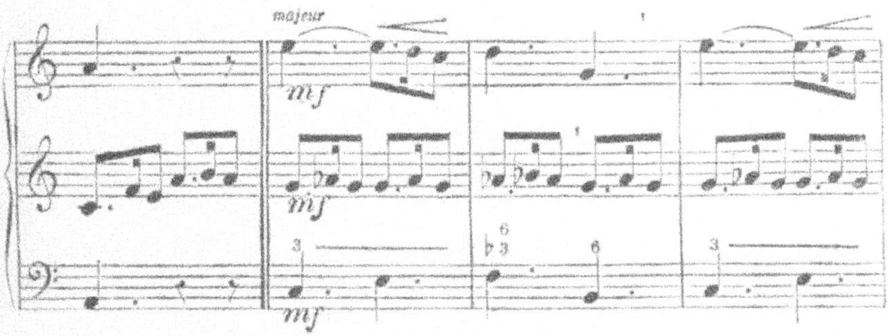

Mouvement bien marqué

majeur

Suivez.

N° 46.

Copier et chanter en LA *majeur*, à 2/4. Tenez toujours le son.

N° 47.

A copier et chanter en FA *mineur* à 2/4.

mf
p
cres.
rall.
1° tempo
f

N° 48 (À 2 ET À 3 VOIX).

Copier et chanter en DO ♭ et en DO ♯ *majeur* à 3/2 et à 3/8.

mf
mf

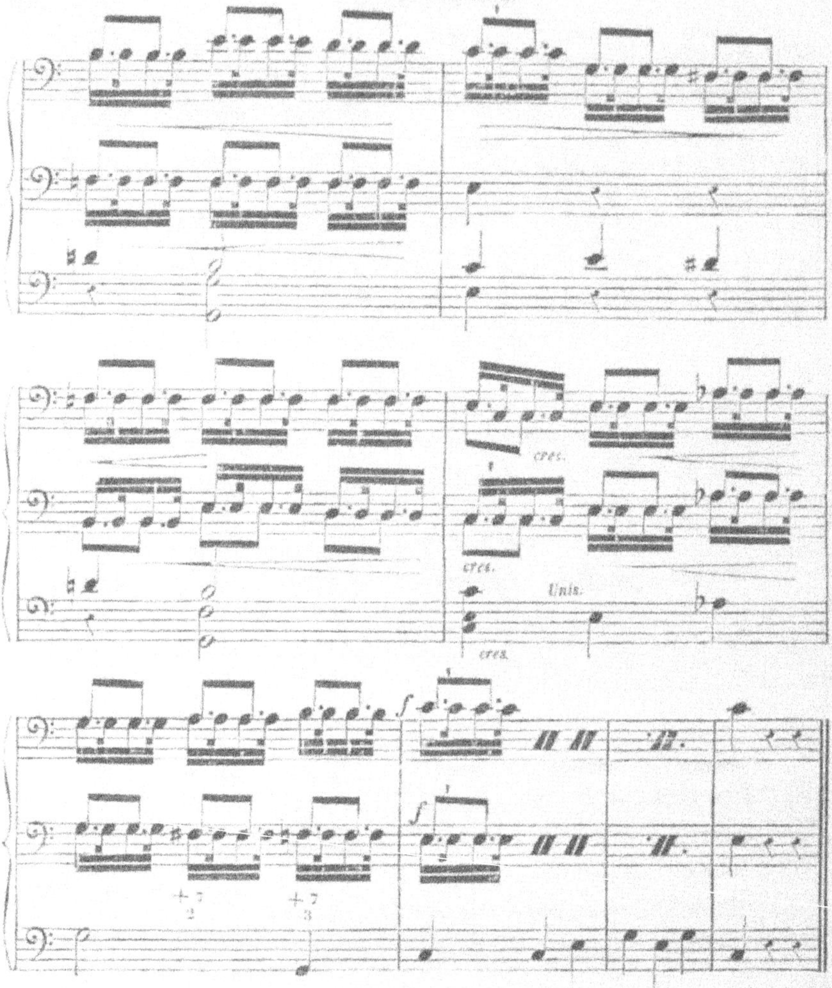
cres.
cres.
Unis.
cres.
f
f
+7
2
+7
3

N° 49 (A 2 ET A 3 VOIX).

Copier et chanter en LA ♭ et en LA ♯ *mineur* à 9/16 et à 9/4.

Tenez toujours le son.
mf
Mouv. modéré.
mf
mf
+7

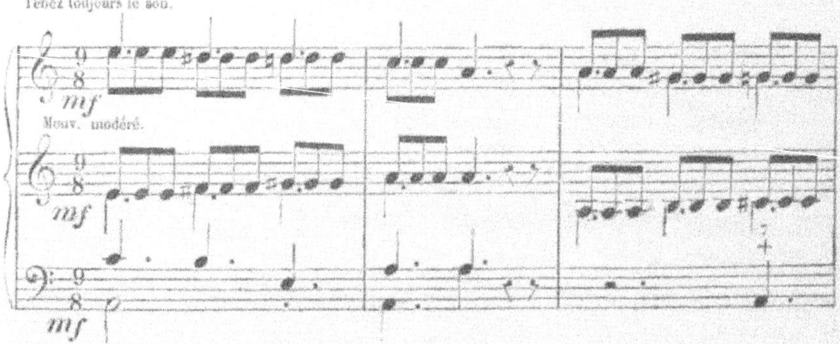

p
p
p
7
♯
3
Unis.
6
f
f
f
3
+4
2
6
♯6
♯
8
8
2
6
♯6
♯
8
7
6

N° 50 (C. R. Maréchal, 1845).

Copier et chanter en FA ♯ *majeur*. Clef de FA 3e et à 2/4.

Andante con moto.

Tasto solo.

N° 51 (A 2 ET A 3 VOIX).

Copier et chanter en DO ♯ et en DO ♭ majeur à 2/4.

Tenez le son.

Andante sostenuto

Andante sostenuto

cres.
cres.
cres.
mf
mf
mf
cres.
cres.

N° 52 (A 2 ET A 3 VOIX).

Copier et chanter en DO ♯ *mineur*.

mf
mf
p
p
p

N° 53 (C. R. Maréchal, 1844).
Copier et chanter en RÉ majeur à 2/4.
Allegro.
mf
mf
f

N° 54 (Dalmont).

Copier et chanter en LA ♯ et en LA ♭ *mineur*. Tenez le son.

N° 55.

Copier et chanter en RÉ ♭ *majeur*. Clef de Do 4e ligne et à 2/4. Tenez le son.

cres.
rall.
tempo 1°
f
mf
cres.
f
dim.
rall.
a tempo
p
p
p

N° 56 (A 2 ET A 3 VOIX).

Copier et chanter en SI ♭ *majeur*. Tenez le son.

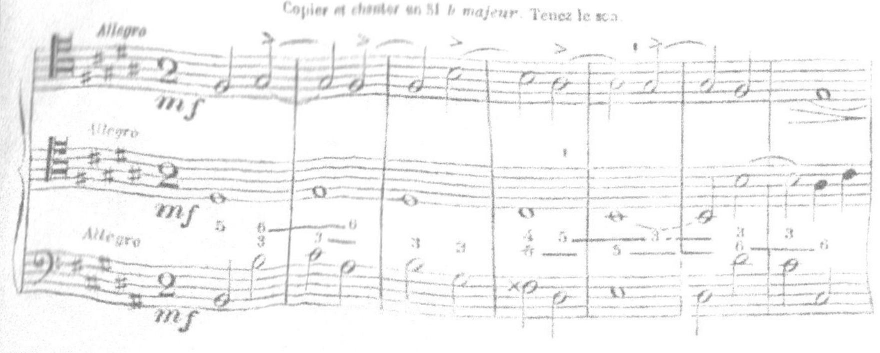

N° 57.

Mouvement de menuet. Copier et chanter en SOL *majeur* à 3/2 et à 3/8. Tenez le son.

N° 58 (A 2 ET A 3 VOIX)

Copier et chanter en LA ♮ et en LA ♯ *mineur* à 3/2 et à 3/4. Tenez le son.

7
5
6
♯6 6
3
3
6
3
3
3
6

Nº 59 (Dalmont).

Copier et chanter en SOL ♯ *majeur* à 2/4. Tenez le son.

All° maestoso
mf
mf
f

p
p
f
f
p
p
mf
mf
f
f
rall.
p
p

cres.

N° 60 (DALMONT).

Copier et chanter en SI ♮ *majeur*. Clef de DO 3e à 3/2 et à 3/8

FIN.
D.C.
N° 61 (À 2 ET À 3 VOIX)
Copier et chanter en DO ♭ et en DO ♯ majeur. Clef de DO 3e à 2/2 et à 2/8. Tenez le son
Allegro.

p
p
p
f
f
f
p
p
cres.
cres.
cres.

N° 62 (C. R. Maréchal, 1843).

Copier et chanter en SI ♮ à 5/8 et à 5/2.

Les sopranos chanteront cette leçon à l'octave supérieure. Tenez le son.

N° 63 (Desvignes).

Copier et chanter en SOL ♭ majeur et à 2/4 mesure pour mesure.

Les sopranos chanteront cette leçon à l'octave supérieure. Tenez le son.

N° 64 (A 2 ET A 3 VOIX)

Copier et chanter en DO ♯ mineur à 6/4 et à 6/16. Tenez le son.

p
mf
mf
mf
mf

Cres
cen
do.

mf
mf
mf
p
p
p

N° 65 (DESVIGNES).
Tenez le son.
mf
Moderato
mf
N° 66.
Copier et chanter en MI majeur à 3/2 et à 3/8. Tenez le son.
Andante maestoso
mf
mf

Dolce.
cres.
cres.
Dolce

N° 67 (Desvignes).

Copier et chanter en Si♭ majeur à 2/4. Tenez le son.

cres.
p
cres.
p

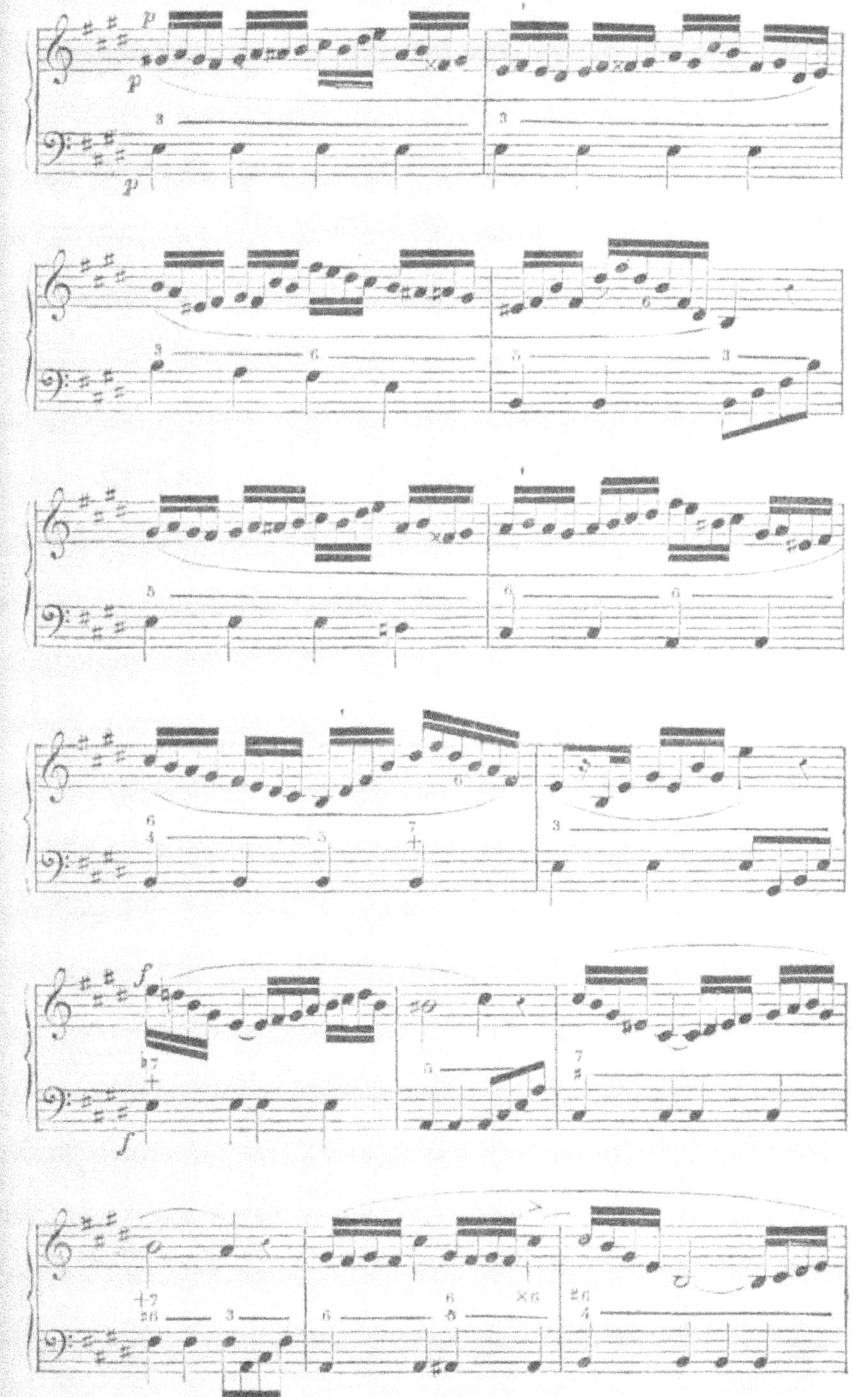

N° 68 (À 2 ET À 3 VOIX).

Copier et chanter en DO ♯ et en DO ♮ *majeur* à 5/8 et à 9/16

mf
mf
mf

mf
mf
mf

f
p

N° 69 (Dalmont).

Copier et chanter en LA ♭ à 5/8 et à 5/2. Clef de UT 2e ligne.

FIN.
D. C.

N° 70.

Copier et chanter en LA *majeur* à 2/4 Clef de DO 2e ligne.

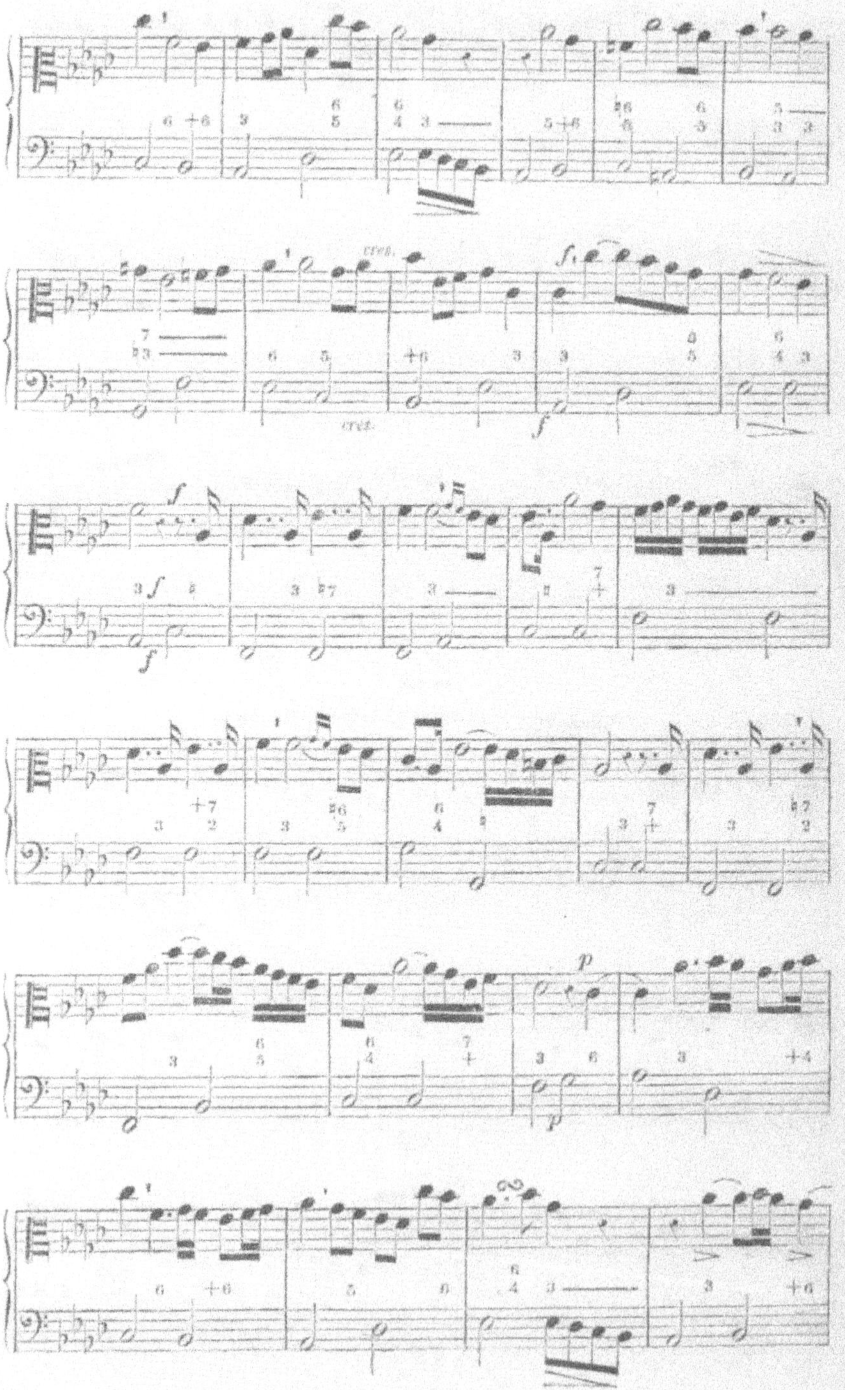
cres.
cres.
f
f
f
f
p
p

mf
mf
f
f
p
p

N° 71 (A 2 ET A 3 VOIX).

Copier et chanter en DO ♯ et en DO ♭ *majeur*. Tenez bien le son.

12
8
p
12
8
p
6
4
3
12
8
p

7
3
6
5
7
3

♭6
4
3
7
3
6

9
8
9
8
6
3
7
9
8

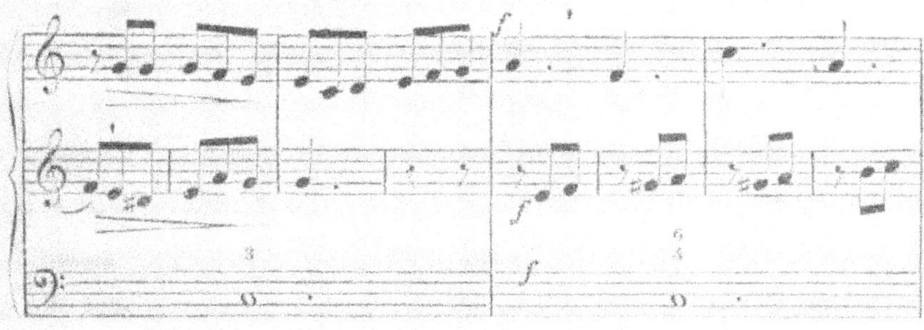

Nº 72 (Dalmont).

Copier et chanter en LA ♭ majeur à 9/16

p
p
f
f

N° 73 (DALMONT).

Copier et chanter en SI ♭ min. Clef de DO, 1re ligne.

Tenez le son.

N° 24 (A 2 ET A 3 VOIX).

Copier et chanter en DO ♭ et en DO ♯ *majeur*. Clef de DO, 1re ligne.

Vélocité

N° 75 (Desvignes).

Copier et chanter en MI ♭ *majeur*. Clef de DO, 1re ligne.

Tenez le son.

N° 76.

Copier et chanter en SI b. Clef de DO, 1re ligne.
Tenez le son.

cres — — — cen — —
— do.
FIN.

N° 72 (A 2 ET A 3 VOIX)

Copier et chanter en FA ♯ *majeur* à 3/2 et à 3/8.

Tenez le son

Chantant
Chantant

mf
mf
mf
f
f
f
f

cres.
cres.
cres.
Con 8a
f
f
f
p
p
p
p
p
p

N° 78.

Copier et chanter en SOL ♯ *mineur* et LA ♭ *majeur* à 2/2.

Tenez le son.

majeur

p

f

p

f

dim.

dimin.

N° 79 (Dalmont).

Copier et chanter en LA ♮ et en LA ♯ *mineur* à 5/2 et à 3/8.

FIN.
D. C.
N° 80 (Devignes).
Copier et chanter en SOL ♭ majeur.
Tenez le son.

N° 81 (À 2 ET À 3 VOIX).

Copier et chanter en DO ♯ *mineur*, à 9/4 et à 9/8.

Tenez le son.

p
p
p

f
f
f
sf
sf
sf

N° 82 (DESVIGNES).

Copier et chanter en RÉ ♭ *majeur*.

Andante

N° 83 (Dalmont).

Copier et chanter en SOL ♯ *mineur* à 5/8 et à 5/2.

Allegro moderato

Ritard
mf
mf
f
f

ritard.
mf
mf
f
ff
ff

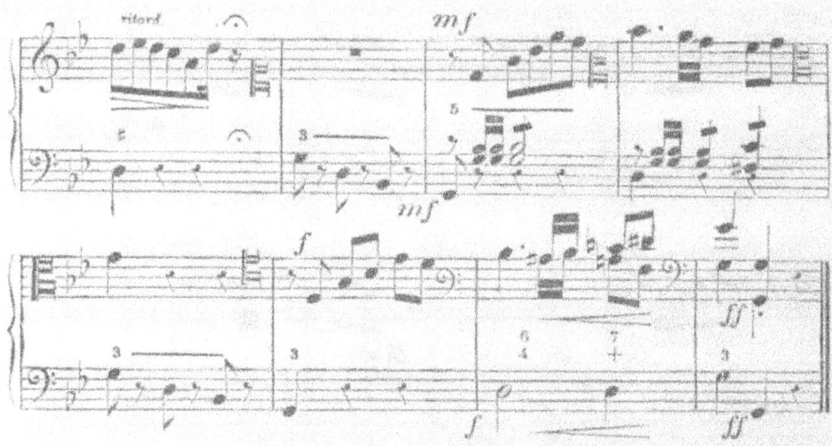

N° 84 (A 2 ET A 3 VOIX)

Copier et chanter en SOL ♭ majeur, à 6/16 et sur d'autres clefs.

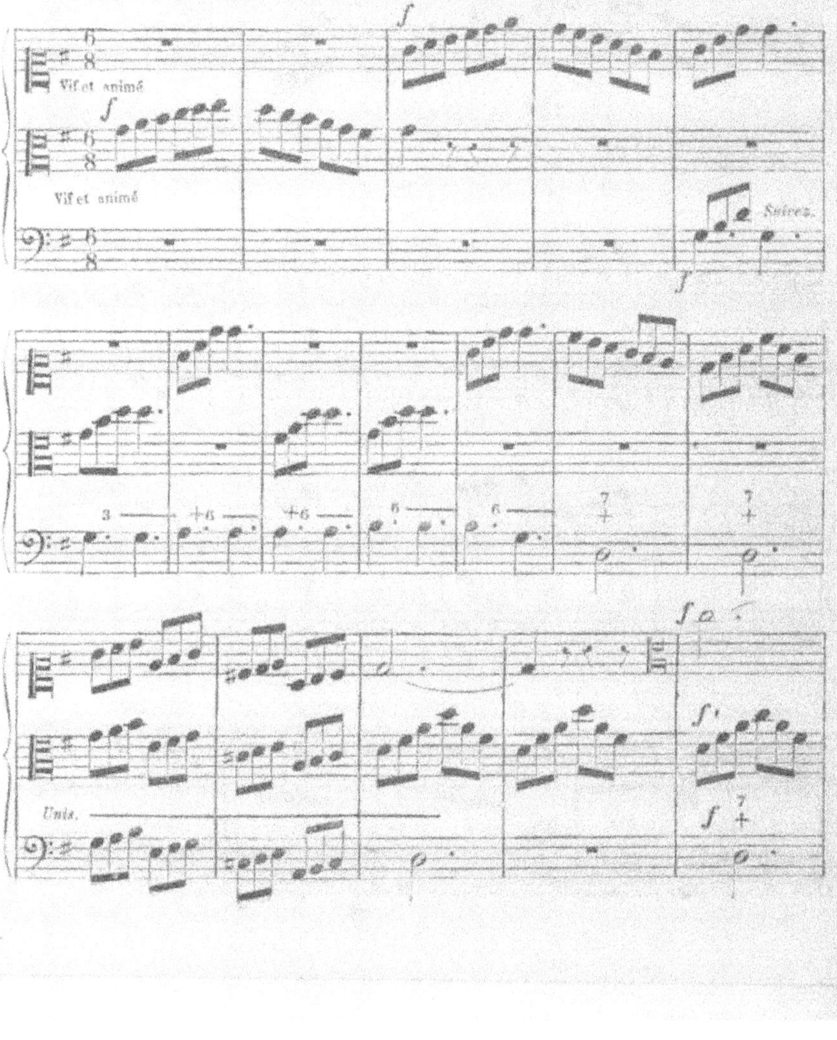
Vif et animé
Vif et animé
Suivez.
Unis.

Dolce
Dolce
f
f
f
p
p
p

f
p
cres.

N° 83 (Dalmont).

Copier et chanter en LA 2 mineur à 3/2 et à 3/8.

N° [illegible] (DESVIGNES).

Copier et chanter [illegible] LA 2 *majeur* sur d'autres clefs.

cres.
f
p
tr

N° 87 (À 2 ET À 3 VOIX)

Copier et chanter en SOL ♯ *mineur* sur d'autres clefs.

p
p
mf
mf
f
f

Plus vite
Plus vite
Plus vite
cres.
cres.
cres.
Unis.
Unis.

ff
mf
cres.
p
f

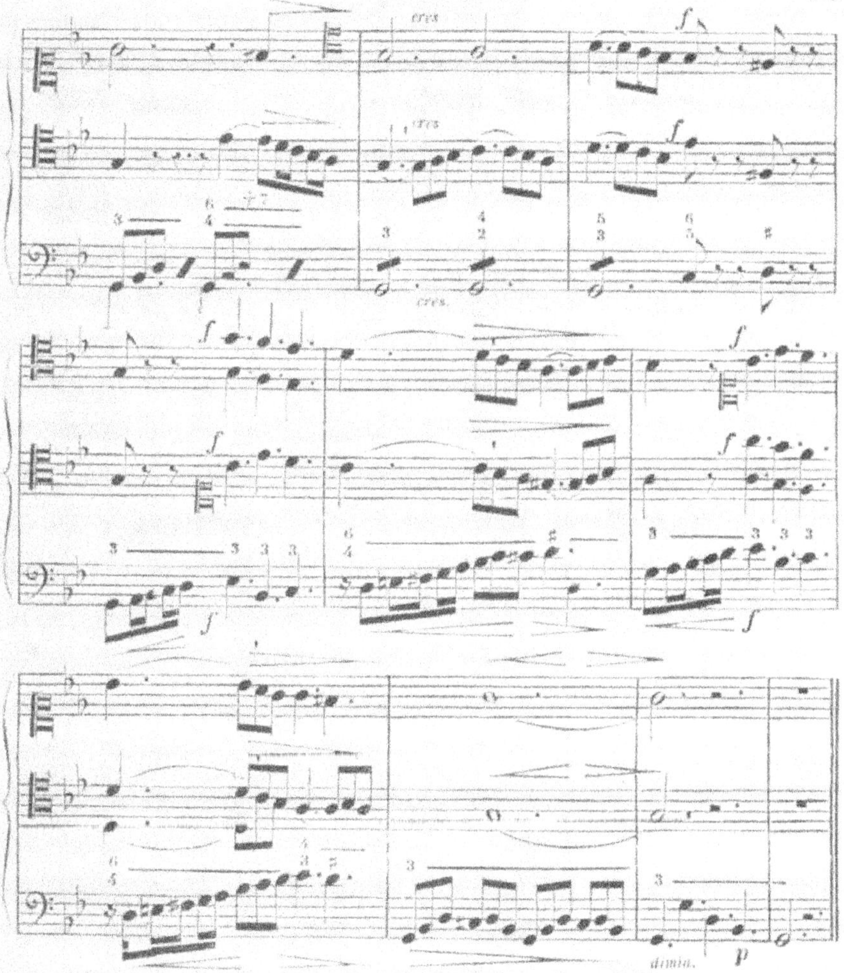
cres
cres
cres.
f
dimin.
p

N° 88 (Desvignes).

Copier et chanter en RÉ *majeur* à 2/2.

mf
Andante
mf

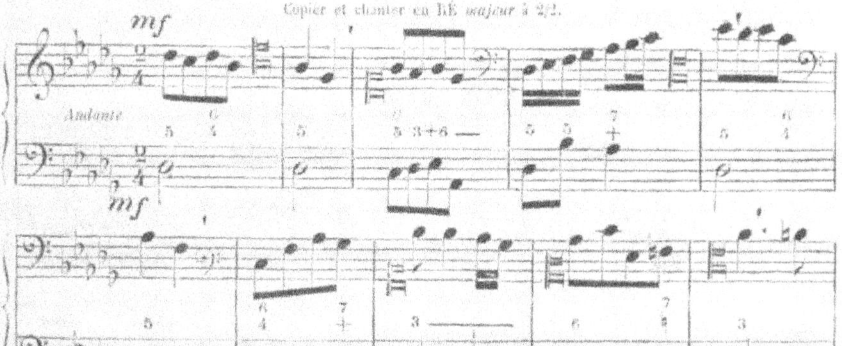

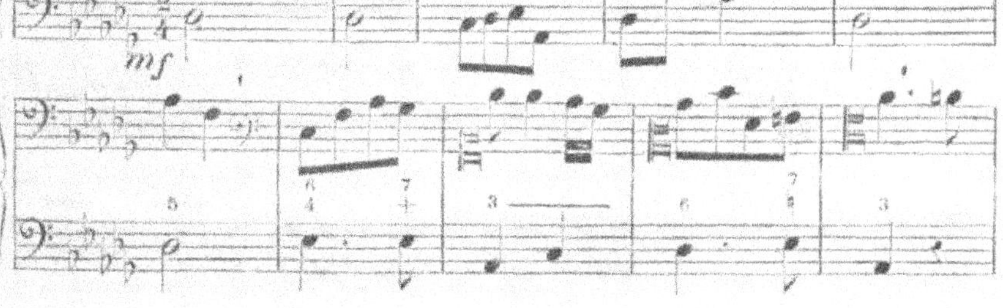

N° 89 (A 2 ET A 3 VOIX).

Copier et chanter en FA 2 *mineur* à 2/2 et sur d'autres clefs.

f
f
f
mf
f
mf
f

mf
mf
f
f
f

p
p
p
f
f
f

mf
f Rall.
mf
f Rall.
mf
f Rall.
dimin.
dimin.

N° 90.

Copier et chanter en SI ♭ *majeur*.

Tenez le son.

cres.
f
+7
3
cres.
f

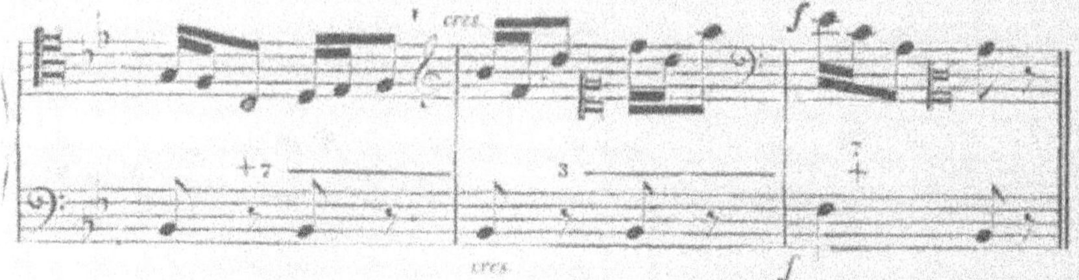

N° 91.

Copier et chanter en RÉ ♭ *majeur* à 3/8.

Tenez bien le son.

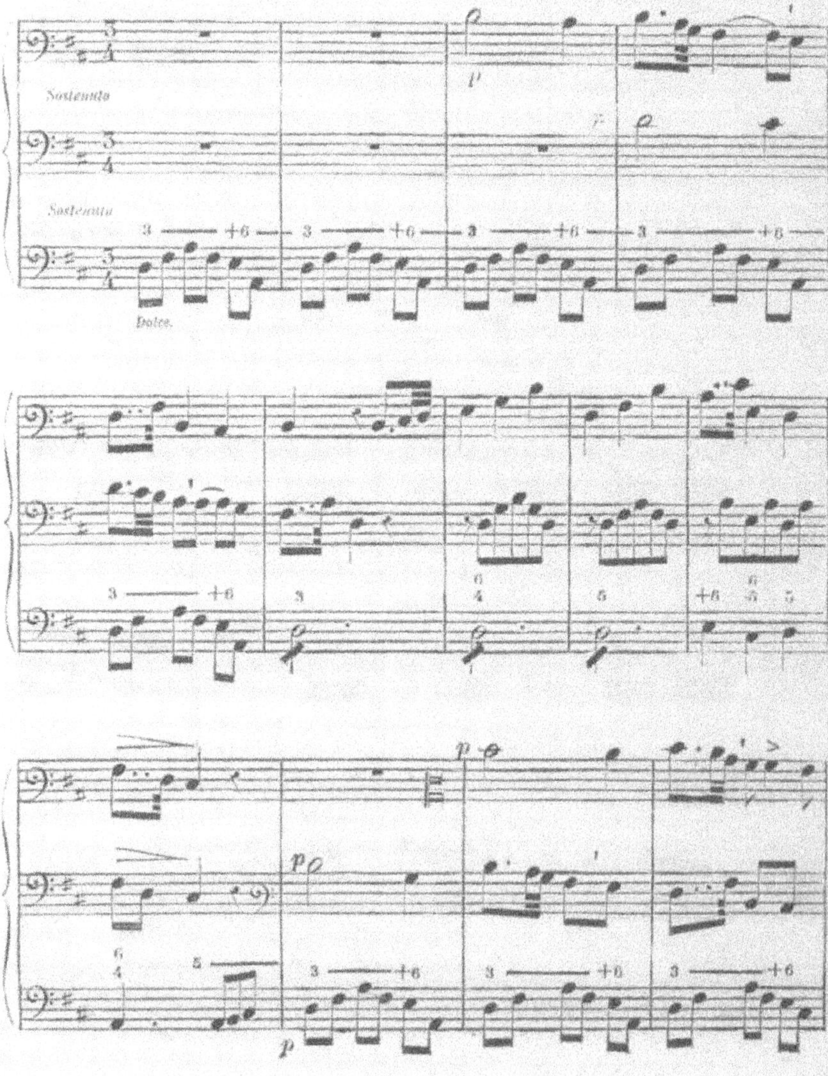
Sostenuto
Sostenuto
Dolce.
p
p
p
p

f
f
f
sf
sf
sf
sf
sf
sf
sf
sf
sf
p
p
p

3
6
+6
6
4
p
f
7
5
♭3

N° 92 (Desvignes)

Copier et chanter en SI ♭ *majeur* sur une autre clef.

Allegretto
cres.
cres.
cres.

tr
p
tr
p
Dolce
Dolce
cres
cres
f
f
f

tr
p
cres.

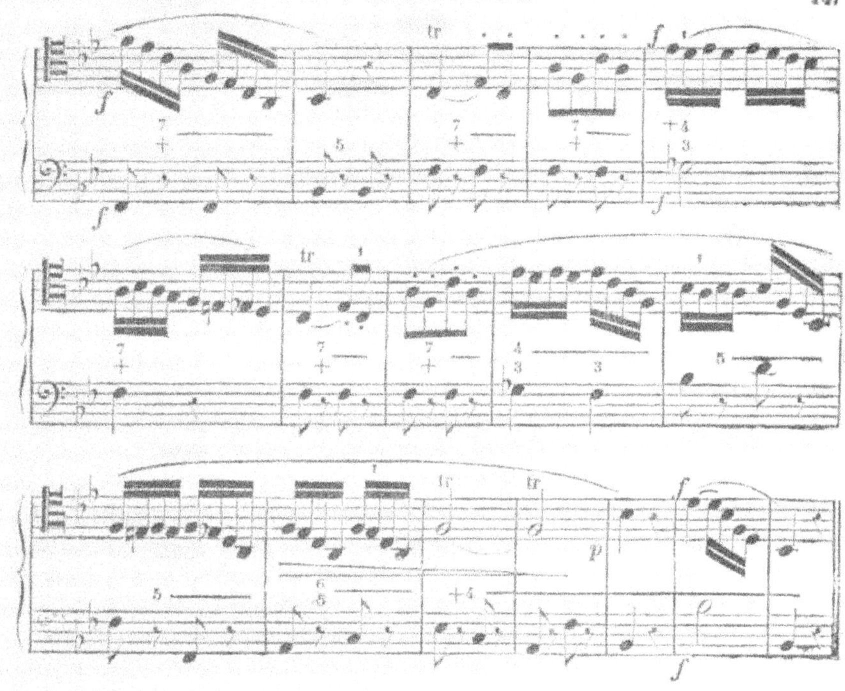

N° 93 (A 2 ET A 3 VOIX).

Copier et chanter en RÉ ♯ *mineur* sur d'autres clefs.

f
p
f
mf
mf
mf
cres.
cres.
cres.

cres.
cres.

cres.
cres.
ff
ff
ff
f
f
f

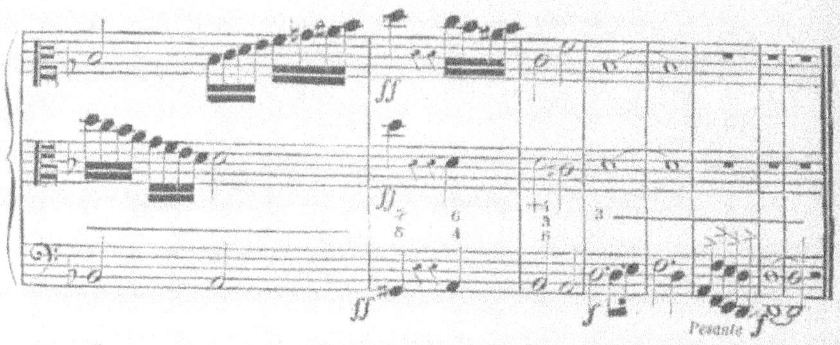

N° 94.

Copier et chanter en RÉ *majeur*.

Tenez le son.

cres.
cres.
f
f
mf
mf

p
p
p
Rall.
Rall.
1° Tempo
mf
mf

cres.
cres.

N° 93.

Copier et chanter en LA ♭ *majeur* sur d'autres clefs.

Doux et chantant

Andantino grazioso

Très-doux

pp

Andantino grazioso

p

Très-doux
PP
Doux et chantant
p
p

Même mouvement
Même mouvement
Dim.
Dim.

Rall.
Rall.
Même mouvement
Même mouvement

Rall.
Rall.
Rall.
rall.
rall.
Dolce
en mourant
Dolce.
en mourant
Dolce

N° 96.

Copier et chanter en SOL ♯ *mineur* à 5/2 et à 3/8.

All° non troppo.

Unis.

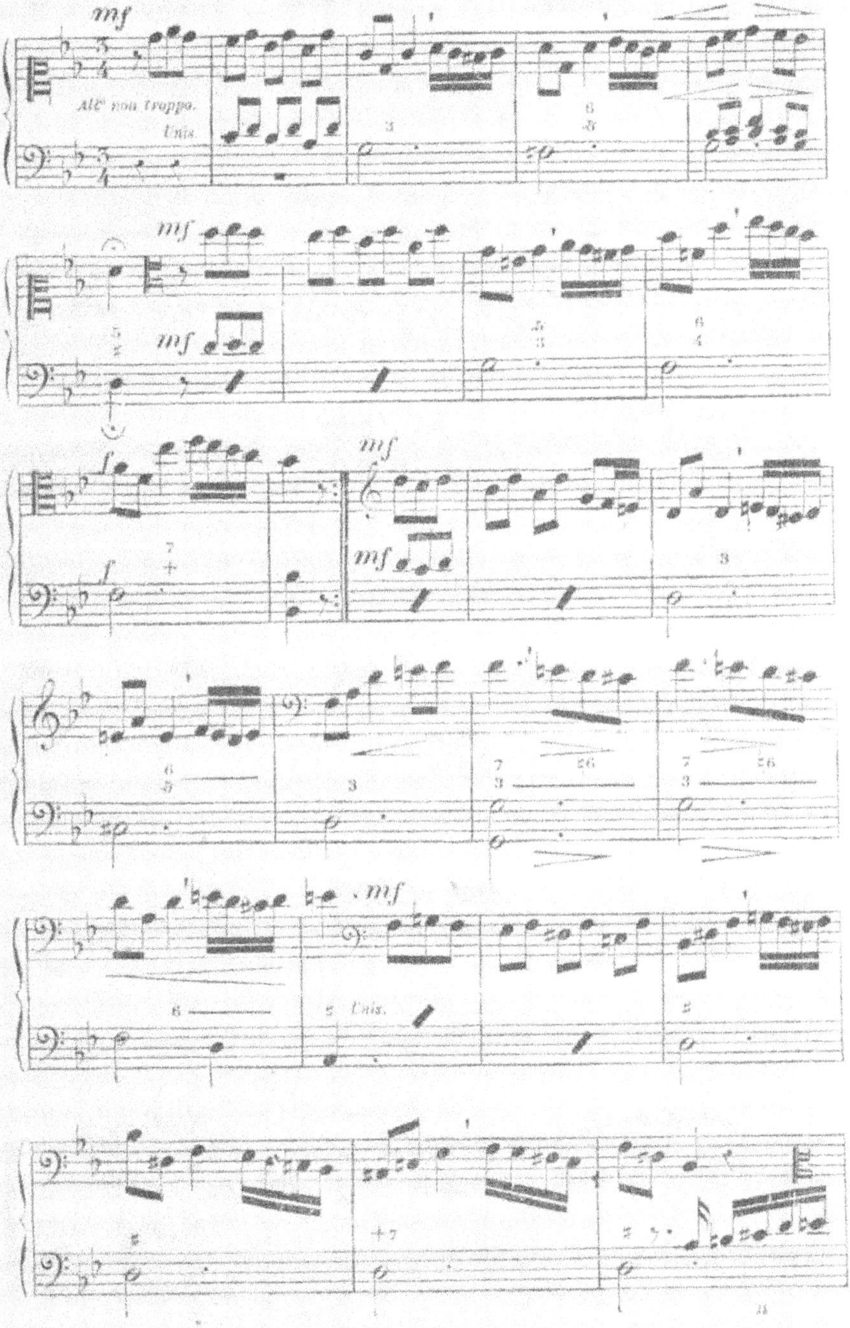

f
f
8a
Unis.
mf
Unis.
p
cres
p
f
p
cres.
f
f

N° 97.

Copier et chanter en DO ♯ mineur à 2/2.

Dim.
p
mf
f
p
p
mf
mf

cres.
cres.
Tasto solo.

N° 98 (C. B. Maréchal 1845).

Copier et chanter en DO ♭ et en DO ♯ à 3/2 et 45/8.

N° 99 (Desvignes).

Copier et chanter en LA *majeur* en changeant de mesure.

N° 100 (Devienne).

Copier et chanter en SOL à 3/8 et à 3/2.

N° 101 (Desvignes).

Copier et chanter en plusieurs tons.

p

Adagio

p

N° 102.

Copier et chanter en MI *majeur* à 3/8 et à 3/2.

pp
p
M. G.
M. D.
Ralt.
mf
Allegro scherzando

Cres
cres
do.
FIN.
Unis.

ff
p
Dolce
cres

N° 103.

Copier et chanter en LA ♭ et en LA ♯ mineurs

p
p
p

Dim.

f
f
Dim.
Dim.
Dim.
sf
sf
sf
sf
sf
f
cres
cres
cres

mf
f
mf

Unis.

www.ingramcontent.com/pod-product-compliance
Ingram Content Group UK Ltd.
Pitfield, Milton Keynes, MK11 3LW, UK
UKHW022103260726
13993UKWH00001B/299

9 782329 230498